Vom Lutherhaus zum Marktp

[1] Hauptpost

Parkplatz an der Fleischerstraße, 3 € pro Tag

Ausgangspunkt des Stadtrundgangs ist das repräsentative Gebäude der Hauptpost zu Wittenberg an der Ecke Fleischerstraße/Wilhelm-Weber-Straße (vom Parkplatz in der Fleischerstraße ca. 200 Meter entfernt).

Das im Stil des Historismus geschaffene Bauwerk entstand zu Beginn der 1890er Jahre. An der Südseite des Hauses ist eine Gedenktafel zu Ehren des Physikers Wilhelm Eduard Weber angebracht. Der gebürtige Wittenberger gilt als der Erfinder der elektromagnetischen Telegrafie. Die Plakette mit dem Bildnis Webers wurde kurz nach dessen Tod von dem Berliner Bildhauer Gerhard Janensch angefertigt.

__Wilhelm Eduard Weber__
1804–1891, Physiker. Geboren im Haus der »Goldenen Kugel« (Schlossstraße 10), lebte Weber bis 1813 in Wittenberg. Ab 1831 Professor in Göttingen, fertigte Weber mit Carl Friedrich Gauß den ersten funktionstüchtigen elektromagnetischen Telegrafen. Das weltweit erste Telegramm zwischen beiden erfolgte 1833. Als Mitglied der »Göttinger Sieben« protestierte Weber u.a. mit den Gebrüdern Grimm gegen die Willkür des Landesherrn. Sein Hauptwerk lag in der theoretischen Systematik: die absolute Einheit der Stromstärke erhielt die Bezeichnung »Weber«.

[2] Augusteum

Von der Hauptpost aus führt der Weg weiter zum Augusteum (Collegienstraße 54), einem ehemaligen Universitätsgebäude. Wittenberg, seit 1502 Universitätsstadt, erfreute sich besonders im ausgehenden 16. Jahrhundert großer Beliebtheit. Aufgrund fehlender Lehrstätten erbaute Hans Irmisch in den 1580er Jahren dieses zweiflüglige Gebäude. Namensgebend war Kurfürst August I. von Sachsen, der den Bau in Auftrag gab. 1598 hielt die Universitätsbibliothek im Augusteum Einzug, 1736 wurde das »Museum Anatomicum« eingerichtet. In den napoleonischen Kriegen diente das Gebäude als Kaserne und Lazarett. Nach der Vereinigung mit der Hallenser Universität 1817 verblieb in der Lutherstadt nur ein Teil der Bestände der altehrwürdigen Bibliothek. Das evangelische Predigerseminar wurde neu gegründet. Dieses soll nach der geplanten Sanierung in das Wittenberger Schloss ziehen, um so im Augusteum weiteren Platz für die Luthergedenkstätten zu schaffen.

[3] Lutherhof

Den eindrucksvollen Torgang des Augusteums durchquerend, gelangt man in den stimmungsvollen Lutherhof. Einst wohl schon von Katharina von Bora als Obst- und Gemüsegarten bewirtschaftet, diente er seit Mitte des 17. Jahrhunderts als botanischer Garten der Universität. Inmitten der heutigen Bepflanzung plätschert das jahrhundertealte Röhrwasser vor sich hin. Der Schmuckbrunnen wurde allerdings erst Ende des 19. Jahrhunderts hinzugefügt. Aus dem Jahr 1883 stammen die Hofmauer sowie die im Renaissancestil erbaute vierbogige Loggia, die den Seitenflügel des Augusteums mit dem Lutherhaus verbindet. Dort hindurchgehend, erreicht man das moderne Eingangsgebäude des Museums, wo sich in etwa jener Klosterabschnitt befunden hat, in dem Luther einst sein legendäres »Turmerlebnis«, d.h. seine grundlegende reformatorische Einsicht, widerfuhr.

Im September 1983 fand auf dem Lutherhof im Rahmen des Evangelischen Kirchentages ein Ereignis von hoher Symbolkraft statt. Auf Initiative von Friedrich Schorlemmer, dem Prediger an der Wittenberger Schlosskirche, wurde vor zahlreichen Schaulustigen ein Schwert zu einer Pflugschar umgeschmiedet.

Friedrich Schorlemmer *geb. 1944, Theologe und Politiker. Schorlemmer kam 1978 als Dozent des Evangelischen Predigerseminars sowie als Prediger an der Schlosskirche in die Lutherstadt Wittenberg. Seit den 1970er Jahren engagierte er sich in der Friedens-, Menschenrechts- und Umweltbewegung und war 1989 Mitbegründer der Bürgerbewegung »Demokratischer Aufbruch«. Er ist u.a. Mitglied der deutschen UNESCO-Kommission und des PEN-Zentrums.*

Katharina von Bora 1499–1552, Ehefrau Martin Luthers, genannt die »Lutherin«. Mit fünf Jahren kam sie ins Kloster, wo sie Lesen, Schreiben sowie haus- und landwirtschaftliches Wissen erlernte. Unter dem Einfluss der Reformation flüchtete die Nonne 1523 aus dem Kloster Nimbschen und fand durch Luthers Hilfe Aufnahme in Wittenberg. 1525 heiratete sie Luther, dem sie sechs Kinder gebar. Unermüdlich führte Katharina den großen Haushalt aus Familie, Gästen und Studenten des Lutherhauses. Sie starb an den Folgen eines Unfalls, den sie auf der Flucht nach Torgau erlitt.

Die Aktion bezog sich auf den Bibelspruch Micha 4,3: »Sie werden ihre Schwerter zu Pflugscharen und Spieße zu Sicheln machen. Es wird kein Volk wider das andere das Schwert erheben, und sie werden hinfort nicht mehr lernen, Krieg zu führen.« In Zeiten der weltweiten atomaren Aufrüstung wurde »Schwerter zu Pflugscharen« zu einem Symbol der Friedensbewegung und der entstehenden politischen Opposition in der DDR.

Seit 1999, dem Jubiläumsjahr zu Ehren Katharina von Boras, ziert eine 1,80 Meter große Skulptur den Lutherhof. Geschaffen von Bildhauerin Nina Koch, zeigt sie die »Lutherin« als energische Frau, die einen Rahmen durchschreitet.

[4] Lutherhaus

Im Jahre 1503 wurde das Lutherhaus als Klostergebäude für Erfurter Augustinermönche erbaut, aus deren Reihen Kurfürst Friedrich der Weise die Lehrstühle an der neu geschaffenen Universität besetzte. Hier lebte der Klosterbruder Martin Luther. Als im Zuge der Reformation das »Schwarze Kloster« – der Name geht zurück auf die Farbe der mönchischen Bekleidung – aufgelöst wurde, blieb Luther als Einziger zurück. Nach Ablegen seiner Mönchskutte zog er nach der Heirat mit Katharina von Bora auf das Anwesen. Seitdem wohnte die Familie Luther mit ihren zahlreichen Gästen sowie Studenten auf dem Grundstück. 1532 erhielt der Reformator vom Kurfürsten offiziell das Lutherhaus als Geschenk. Die Universität erwarb 1564 Haus und Hof von Luthers Erben zurück und nutzte es vorrangig als Studentenherberge. Mit dem Bau des gewaltigen Augusteums entlang der Collegienstraße wurde das Lutherhaus Ende des 16. Jahrhunderts zu einem Hintergebäude.

Bereits Mitte des 17. Jahrhunderts war von einem kleinen »museum lutheri« die Rede, das aber lediglich aus der Lutherstube bestand. In dieser verewigten sich zahlreiche Persönlichkeiten und andere Besucher mit Wandmonogrammen beziehungsweise ab 1783 mit Eintragungen in den ausliegenden Fremdenbüchern. Der restliche Gebäudekomplex wurde hingegen als Lager, Lazarett (1813) und Armenfreischule (ab 1834) genutzt. Nachdem 1817 fast die gesamte Wittenberger Universität nach Halle (Saale) verlegt wurde, drohte die jahrzehntelange Wohn- und Wirkungsstätte

Luthers in Vergessenheit zu geraten und zu verfallen. Erst 1844 begann unter preußischer Ägide die neogotische Restaurierung nach Entwürfen des Hofbaurates Friedrich August Stüler. Das Gebäude erhielt neue Etagen, Giebel und ein dekorativeres Dach. Des Weiteren wurde die zum Innenhof gerichtete Schaufasssade mit einem zinnenbekrönten Erker und dem Baldachin mit einem Relief Luthers verschönert.

Von der originalen Bausubstanz stechen der Wendelstein und das spätgotische Sitznischenportal von 1540 ins Auge. Letzteres wird auch als »Katharinenportal« bezeichnet – ein Geburtstagsgeschenk für Martin Luther von seiner Frau. Über dessen Nischen befinden sich eines der ältesten dreidimensionalen Lutherporträts sowie die Lutherrose. Neueste Ausgrabungen hinter dem Haus brachten Reste des einstigen Arbeitszimmers ans Licht.

Martin Luther
1483–1546, Theologe. Als Mönch kam Luther 1508 erstmals nach Wittenberg, um hier sein in Erfurt begonnenes Studium der Theologie fortzusetzen. Nach der Promotion zum Doktor der Theologie (1512) übernahm er die angesehene Bibelprofessur an der Universität. Mit dem legendären Thesenanschlag 1517 protestierte er gegen den Ablasshandel der katholischen Kirche und zog die Unfehlbarkeit des Papstes in Zweifel. Gebannt von Vatikan und Kaiser, übersetzte er auf der Wartburg bei Eisenach als »Junker Jörg« die Bibel ins Deutsche. Zurück in Wittenberg, sorgte er ab 1522 für die Konsolidierung der Reformation und den Aufbau des evangelischen Kirchenwesens.

[5] Museum Lutherhaus »Martin Luther – Leben, Werk und Wirkung«

Täglich 9–18 Uhr, Nov. – März: 10–17 Uhr, Mo geschlossen

Die 2003 neu gestaltete Dauerausstellung »Martin Luther – Leben, Werk und Wirkung« setzt die Museumstradition seit der Eröffnung der »Lutherhalle« 1883 fort. Zu den Glanzstücken der Ausstellung zählen die Lutherstube (Entstehungsort der berühmten »Tischgespräche«), das Refektorium (einstiger Speisesaal der Mönche) und der Große Hörsaal, in dem sich die Studenten drängten, um Luthers Vorlesungen zu lauschen. Eine Kutte Luthers, seine Predigtkanzel aus der Stadtkirche, ein Ablasskasten sowie der »Kaiserbrief« von 1521, in dem sich Luther gegenüber Kaiser Karl V. rechtfertigte, sind beeindruckende Einzelexponate. Die ausführlichen biographischen Informationen werden durch Abteilungen zum Alltag im 16. Jahrhundert, zur Bedeutung des Buchdrucks für die Ausbreitung der Reformation sowie zur Wirkungsgeschichte Luthers ergänzt.

Die Schatzkammer zeigt kostbare Kunstwerke, Handschriften und Münzen aus neun Jahrhunderten und gewährt Einblicke in Bibliothek und Magazin.

Lutherrose
Ab 1530 nutze Luther als Siegel einen Ring mit einer Rose, der so genannten Lutherrose. Das »Merkzeichen seiner Theologie« versinnbildlichte Folgendes: Das schwarze Kreuz steht für Jesus Christus als Mittelpunkt des Glaubens, dessen Botschaft man mit dem roten Herz begreifen soll. Es wird von einer weißen Rose umgeben, wobei deren Farbe Engel, Trost und Frieden symbolisiert. Die Rose wiederum steht in einem hellblauen Feld, der himmlischen Freude. Diese vier Komponenten umrahmt ein goldener Ring als Zeichen der Ewigkeit Gottes. Die Lutherrose ist bis heute Symbol der evangelisch-lutherischen Kirchen.

[6] Luthereiche

Verlässt man das Anwesen Luthers durch das kleine Tor der Hofmauer und begibt sich zurück auf die Collegienstraße, so lohnt ein Blick nach rechts. Vorbei am »Haus des Handwerks« befindet sich in Höhe des Kreisverkehrs die Luthereiche.

Die Inschrift des Gedenksteins »Zur Erinnerung an die Tat Dr. Martin Luthers am 10. Dez. 1520« bezieht sich auf jenes winterliche Ereignis, als Luther in aller Öffentlichkeit die päpstliche Bannandrohungsbulle »Exsurge Domine«, Bücher des Kirchenrechts und gegnerische Schriftstücke dem Feuer übergab. An jener Stelle, in der Nähe des Spitals, wurden sonst die Sachen von Verstorbenen mit ansteckenden Krankheiten verbrannt. Zur Erinnerung an Luthers Tat pflanzte man später eine Eiche, die während der französischen Besatzung 1813 aufgrund von Holzmangel als Brennholz herhalten musste. Der heutige Baum wurde 1830 neu gesetzt. Durch eine Grünanlage samt Bank und Brunnen wurde der Platz 1925 symbolisch aufgewertet.

[7] Melanchthonhaus

Wegen Sanierungsarbeiten voraussichtlich bis Anfang 2012 geschlossen.

Von der Luthereiche aus die Collegienstraße stadteinwärts am Augusteum vorbei laufend, sind es nur einige Schritte bis zu einem der schönsten Bürgerhäuser der Renaissance in Wittenberg.

Das Haus in der Collegienstraße 60 war Wohn- und Wirkungsstätte Philipp Melanchthons. Im Auftrag des Kurfürsten und der Universität wurde es ab 1536 eigens für den Humanisten gebaut, um ihn dauerhaft an die Stadt zu binden.

Nach Melanchthons Tod diente es weiterhin vorrangig als Professorenwohnstätte, blieb jedoch in seiner Gestalt fast unverändert bestehen. Das dreigeschossige Gebäude wird sowohl an der Straßen- als auch an der Gartenfront von einem rundbogigen Staffelgiebel gekrönt. Eine mit zwei Sitznischen verzierte Pforte gewährt Einlass in das schmale Haus, das seit 1954 museal genutzt wird.

1997 eröffnete die neue Dauerausstellung »Ad fontes!«, getreu Melanchthons humanistischem Bildungsmotto »Zu den Quellen«. Sie informiert über Leben, Wirken und Erbe des Freundes Luthers. Sehenswert ist das Studier- und Sterbezimmer Melanchthons, das 1897 dem Original nachempfunden wurde. Daneben ist das Scholarenzimmer zu besichtigen, dessen Wände mit Wappen hier wohnender Studenten farbig gestaltet sind.

Lohnenswert ist auch der Blick in den hauseigenen Garten, in dem sich ein Steintisch und ein funktionstüchtiges Röhrwasser aus der Mitte des 16. Jahrhunderts sowie wertvoller alter Baumbestand und ein reichhaltiger Kräutergarten befinden.

[8] Leucorea

Schon zwei Häuser weiter gelangt man zu den ehemaligen Hauptgebäuden der altehrwürdigen Wittenberger Universität. Links nebem dem Eingang an der Collegienstraße ist eine Gedenktafel mit einer Auswahl der an der Leucorea tätigen Gelehrten und Studenten angebracht. Das reich verzierte Sitznischenportal, das ursprünglich von einem Haus am Markt stammt, führt in den Innenhof.

Philipp Melanchthon (eigtl. Schwarzerdt) 1497–1560, Humanist. Melanchthon kam 1518 nach Wittenberg, um die neue Griechischprofessur der Universität zu besetzen. Hier kam er mit der reformatorischen Lehre Luthers in Kontakt. Alsbald verfasste er entscheidende theologische Werke wie das erste offizielle protestantische Glaubensbekenntnis (»Confessio Augustana«) und die erste systematische Darstellung der reformatorischen Theologie (»Loci Communes«). Seine Verdienste um das Bildungswesen ließen ihn zum »Lehrer Deutschlands« werden. Trotz vieler Berufungen außerhalb Wittenbergs blieb Melanchthon der Stadt der Reformation bis zu seinem Tod treu.

Leucorea-Portal mit Inschrift: »Hodie mi(c)hi, cras tibi« (»Heute mir, morgen dir«)

Friedrich III., *genannt der Weise 1463–1525, Kurfürst von Sachsen. Durch ihn wurde Wittenberg zu einer glanzvollen Residenzstadt, die zahlreiche Künstler und Gelehrte anzog. Friedrich der Weise, der 1519 seine Wahl zum römischen Kaiser ablehnte, trat für die Machtminderung von Kaiser und Papst ein. Um Stärke zu demonstrieren, legte er seine schützende Hand über die Reformation. Er vollzog über Luther weder den Kirchenbann noch die kaiserliche Ächtung, die auf dem Reichstag von Worms 1521 beschlossen wurde. Theologisch blieb er im katholischen Glauben verwurzelt und war einer der größten Reliquienbesitzer seiner Zeit.*

Durch die 1485 erfolgte Aufteilung der wettinischen Herrschaftsgebiete unter den Brüdern Ernst und Albrecht fiel die Leipziger Universität von 1409 dem albertinischen Besitz zu. Daraufhin begründete der Ernestiner Friedrich der Weise Anfang des 16. Jahrhunderts die kursächsische Alma Mater in seiner Residenzstadt Wittenberg. Gemäß dem humanistischen Bildungsideal der Renaissance gab man ihr nach dem griechischen Wort »leukos« für »weiß« den Namen Leucorea. Dies geschah in Anlehnung an den Stadtnamen »Wittenberg«, was weißer Berg oder weiße Burg bedeutet und vom Elbsand oder dem hellen Sandstein des ersten Burgwardes, der Witteburg, herrührt. Nach Erteilung des Privilegs durch Kaiser Maximilian konnte der Lehrbetrieb 1502 in den Räumen des Augustiner- und des Franziskanerklosters aufgenommen werden. Da die päpstliche Bestätigung erst fünf Jahre später erfolgte, handelt es sich bei der Leucorea um die erste landesherrliche Universitätsgründung Deutschlands. Erster Rektor war der Mediziner Martin Pollich.

Das »Collegium Fridericianum« entstand ab 1503 durch den Baumeister Konrad Pflüger. Der Innenhof wird durch das heute noch erhaltene Alte Collegium, das als Quergebäude zur Elbseite hin als erstes errichtet wurde, begrenzt. Das stattliche Neue Collegium wurde ab 1509 entlang der Collegienstraße erbaut. Nach der Vereinigung mit der Universität Halle (Saale) wandelte sich Wittenberg von einer belebten Studenten- in eine gestrenge Garnisonsstadt. Die Hauptgebäude der Leucorea wurden als Kaserne genutzt und später zu Wohnungen umfunktioniert. Das Vorderhaus musste 1842 wegen Baufälligkeit vollständig neu errichtet werden. Bodentafeln im ruhigen Innenhof erinnern an andere deutsche Universitätsgründungen. Mit der Einrichtung der Leucorea-Stiftung 1994 zog an der traditionellen Stätte, an der Luther und Melanchthon die Reformation eingeleitetet und die Universität über Landesgrenzen hinaus bekannt gemacht hatten, mit mehreren wissenschaftlichen Instituten wieder akademisches Leben ein.

Martin Pollich (von Mellerstadt) um 1450–1513, Mediziner. Nach einem Gelehrtenstreit über die Behandlung der Syphilis verließ Pollich die Universität Leipzig und kam nach Wittenberg. Als Leibarzt begleitete er 1493 Friedrich den Weisen auf einer Pilgerreise nach Jerusalem. An der Leucorea wirkte er als Gründungsrektor und blieb zeitlebens Vizekanzler. 1508 gründete er eine Apotheke, die später Cranach d. Ä. übernahm. Im gleichen Jahr machte er die Bekanntschaft Luthers, von dem er behauptete, dass er eine neue Lehre aufbringen und die römische Kirche reformieren würde. Den Beweis erlebte er nicht mehr.

Radfahrer
Willkommen
im Hotel

[9] Collegienstraße

Johann Faust
um 1480 – um 1540, Astrologe und Alchimist. Sein umtriebiges Wesen als Arzt und Philosoph, aber auch als Wahrsager und Wunderheiler, ließ ihn oft zum Betrüger werden. Zwischen 1525 und 1532 hielt er sich der Legende nach in Wittenberg auf. Luther und Melanchthon erwähnen ihn mehrfach, doch die Einzelheiten seines Lebens liegen bis heute im Dunkeln. Kurz nach seinem spektakulären Tod durch chemische Versuche tauchten die ersten Volkssagen über ihn auf, oft im Wittenberger Raum spielend. Durch Goethes berühmtes Werk drang der Fauststoff in die Weltliteratur ein.

Die Gebäude des »Collegium Fridericianum« und des »Collegium Augusteum« sind namensgebend für die Collegienstraße, ehemals »Lange Straße«. Zusammen mit der sich ab dem Markt anschließenden Schlossstraße ist sie heute eine beliebte Flaniermeile und Einkaufsstraße der Lutherstadt. Mit ihren mittlerweile fast vollständig sanierten Häusern aus Renaissance, Gründerzeit und Jugendstil vermittelt sie ein authentisches Bild einstiger Größe Wittenbergs. Unterstrichen wird die Bedeutung der Stadt durch die große Anzahl der wie überall im Stadtzentrum angebrachten Gedenktafeln für bedeutende Persönlichkeiten. Bereits in den zwanziger Jahren des 20. Jahrhunderts begann der Heimatverein mit dieser Tradition. Neben der Fülle kirchlicher Vertreter ist dabei die Ansammlung zahlreicher Persönlichkeiten anderer Bereiche bemerkenswert, die mit der Lutherstadt in Verbindung stehen. So soll in der Collegienstraße 31 im 16. Jahrhundert der berühmt-berüchtigte Magier Johann Faust gewohnt haben.

In Höhe des Holzmarktes, etwa 200 Meter weiter, begegnet man erstmals dem freigelegten Bachlauf, der weiter bis zur Schlossstraße und parallel dazu auch in der Jüden- und Coswiger Straße verläuft. In Wittenberg waren seit jeher nicht nur die Elbe, sondern auch die rund 20 Kilometer Bachläufe im gesamten Stadtgebiet für die Wasserversorgung bedeutend. Bereits im 14. Jahrhundert wurden der »rische« (rasch) und der »faule« Bach nach Wittenberg geleitet. Sie spielten im täglichen Leben eine große Rolle als Brauchwasser für Handwerker, Fischbassins, Brauwasser oder zum Mühlenantrieb. Nachdem sie 1853 überdeckt wurden und unterirdisch weiterliefen, wurden sie im Rahmen der Weltausstellung EXPO 2000 aus ökologischen und stadtbelebenden Gründen wieder geöffnet.

[10] Hamlet-Haus

Das architektonisch interessante Wohn- und Geschäftshaus in der Collegienstraße 12/13 besticht durch seine breite neogotische Fassade. Dominiert wird es von seinen beiden Erkern und dem Giebel. 1904 errichtet, gleicht es seinem abgebrannten Vorgängerbau aus dem Spätmittelalter. Dieser entstand 400 Jahre zuvor und war vermutlich identisch mit der »Merkuriusburse«. Als typisch mittelalterliche Einrichtung bot diese Art

Ernst Florens Friedrich Chladni
1756–1827, Physiker und Astronom. Zwar hatte Chladni in Leipzig Jura studiert, doch durch sein musisches Talent beschäftigte er sich vor allem mit akustischen Experimenten. Er baute Musikinstrumente und führte sie in ganz Europa auf. Mit den chladnischen Klangfiguren wurde er zum Begründer der Akustik, seine Erkenntnisse werden noch heute im Instrumenten- und Konzerthausbau angewendet. Selbst Napoleon staunte: »Chladni läßt die Töne sehen!« Chladni, der ein begeisterter Sammler von Meteoriten war, wies 1794 wissenschaftlich deren kosmischen Ursprung nach.

Studentenheim den jungen Akademikern Platz zum Wohnen, Essen und Unterricht. Die Merkurius- und die benachbarte Sophienburse sowie die Collegien, aber auch die zahlreichen neuen Wohnhäuser samt Neben- und Hinterbauten trugen im 16. Jahrhundert zur Unterbringung der zuströmenden Studenten in der rasant wachsenden Stadt bei. Eine regelrechte Bauwelle setzte ein. Warum das Eckhaus bis heute im Volksmund als »Hamlet-Haus« bekannt ist, bleibt umstritten. Vielleicht rührt der Name daher, dass William Shakespeare seinen berühmten Titelhelden, den dänischen Prinzen Hamlet, in Wittenberg studieren ließ. Vielleicht wird so aber auch an den dänischen König Christian II. erinnert, der im 16. Jahrhundert in der Elbestadt wohnte.

[11] Holzmarkt

Schräg gegenüber dem Hamlet-Haus liegt am Ende der Mittelstraße, der ältesten Straße Wittenbergs, der kleine Holzmarkt, auf dem im Mittelalter mit Holz gehandelt wurde. Zugleich diente er auch den Töpfern zum Feilbieten ihrer Waren. Der Holzmarktbrunnen inmitten des Platzes besteht aus einem niedrigen Sockel, vier massiven Säulen und einem tonnenartigen Aufbau. Aus dem Brunnen sprudelt bis heute das für Wittenberg typische Röhrwasser. Im 16. Jahrhundert stieß die Trinkwasserversorgung der schnell wachsenden Stadtbevölkerung durch Bäche und Brunnen an ihre Grenzen. Für Abhilfe sorgte frisches Quellwasser aus der Umgebung, das der Stadt mittels Rohrleitungen rund um die Uhr und zu jeder Jahreszeit zugeführt werden konnte. Als erstes wurde 1543 das Schlossröhrwasser in Betrieb genommen. Vier weitere Leitungssysteme folgten. Bis heute sind Altes und Neues Jungfernröhrwasser mit ihren knapp zwanzig Entnahmestellen noch voll funktionsfähig und gelten als einmaliges technisches Denkmal. Durch die 1883 geschaffene zentrale Wasserversorgung verlor das Röhrwasser an Bedeutung.

Nach einem kleinen Abstecher nach rechts steht man in der Mittelstraße 5 vor einem Gebäude aus der Mitte des 16. Jahrhunderts, dem Geburtshaus von Ernst Florens Friedrich Chladni.

Der Rundgang setzt sich, am Brunnen vorbei, bis zum spitzgiebligen Eckhaus zwischen Holzmarkt und Kirchhofplatz fort. Hier wohnte zwischen 1748 und 1752 mit Unterbrechungen der aus Leipzig geflohene Student Gotthold Ephraim Lessing.

Holzmarktbrunnen, im Hintergrund rechts das Lessing-Haus

Rund um den Marktplatz

[12] Fronleichnamskapelle auf dem Kirchplatz

Hinter dem Wohnhaus Lessings öffnet sich der Blick auf den Kirchplatz der Stadtkirche St. Marien. Er diente bis Ende des 18. Jahrhunderts als Gottesacker. Hier ruhten u.a. ein Sohn Luthers, die Frau Melanchthons und drei Kinder Cranachs.

Um 1800 ebnete man die Gräber ein. Einige Grabmale wurden in die Kirchenwand eingemauert, andere im Kircheninneren als Bodenplatten verlegt und damit größtenteils vernichtet.

Im Schatten der mächtigen Marienkirche befindet sich linker Hand die 1456 errichtete Fronleichnamskapelle, die zur Feier besonderer Messen und Begräbnisse diente. Der Vorgängerbau dieses schnörkellosen Backsteinbaus mit dem kleinen Türmchen wurde um 1370 von einem Ratsherrn gestiftet, dessen Wappen sich im Inneren als Schlussstein eines Bogens befindet. Von 1913 bis 1928 beherbergte die Kapelle das städtische Heimatmuseum.

In der Häuserzeile zur Collegienstraße hin verweist die verwitterte Inschrift »Befiehl Du Deine Wege« am Haus Kirchplatz 14 auf dessen berühmten Bewohner Paul Gerhardt.

Paul Gerhardt
1607–1676, Theologe und Kirchenlieddichter. Einst zum Studium der Theologie nach Wittenberg gekommen, arbeitete er als Hauslehrer beim Diakon der Stadtkirche. Unter dem schrecklichen Eindruck des Dreißigjährigen Krieges verfasste er zur religiösen Erbauung hoffnungsvolle Lieder. Gerhardts christliche Volks- und Familienlieder haben die Zeiten bis heute überdauert und Eingang in andere Konfessionen, Sprachen und Musikwerke gefunden. 1876 gründete sich ihm zu Ehren die noch heute agierende Paul-Gerhardt-Stiftung, die 1883 in der Fleischerstraße ein Krankenhaus eröffnete.

[13] »Judensau« und Mahnmal

Bevor man die Stadtkirche St. Marien betritt, ist an der südöstlichen Kirchenwand, gegenüber der Fronleichnamskapelle, die »Judensau« zu beachten, die sich in Höhe des Dachgesimses befindet. Die im Mittelalter verbreitete christliche Metapher der »Judensau« verspottete und demütigte das Judentum, dem das Schwein als unreines Tier gilt. Das Wittenberger Relief von 1304 erscheint außerordentlich verhöhnend. Als Juden gekennzeichnete Figuren sind am Hinterteil der Sau sowie säugend an ihren Zitzen abgebildet. Ein weiterer Jude versucht, auf einem kleinen Schwein zu reiten. Eine Besonderheit der Darstellung ist die Inschrift »Rabini Schem Ha Mphoras«, was »der unverstellte Name«, der Name Gottes als Heiligstes, bedeutet.

Im November 1988, anlässlich des Gedenkens an die Reichsprogromnacht von 1938, wurde unter dem Sandsteinrelief eine Gedenkplatte in den Boden gelassen: Symbolisch versuchen vier Trittplatten, die Millionen toten Juden des Zweiten Weltkrieges zu verdecken. Dennoch treten sie in Form eines Kreuzes aus allen Fugen hervor. Der hebräische Psalmvers »Aus der Tiefe rufe ich, Herr, zu dir« wird umrahmt von den Worten »Gottes eigentlicher Name, der geschmähte Schem Ha Mphoras, den die Juden vor den Christen fast unsagbar heilig hielten, starb in sechs Millionen Juden unter einem Kreuzeszeichen«.

[14] Stadtkirche St. Marien

Ostern – 31.10.: Mo–Sa 10–18 Uhr, So ab 11.30 Uhr
Nov. – Ostern: täglich 10–16 Uhr

Im ältesten Bauwerk der Stadt, der »Mutterkirche der Reformation«, predigte Martin Luther und führte 1525 die erste Messe in deutscher Sprache durch. Vor allem aber war sie Wirkungsstätte des Pastors Johannes Bugenhagen, der hier die Ehe Luthers mit Katharina von Bora schloss sowie die Leichenpredigt auf Luther hielt. Nach der Prüfung an der Universität erfolgte in St. Marien die Aufnahme der neuen protestantischen Geistlichen mit allen Rechten und Pflichten.

Bereits um 1280 entstand im Zentrum Wittenbergs eine Marienkapelle, die ungefähr den Ausmaßen des heutigen Altarraumes entsprach. In der ersten Hälfte des 15. Jahrhunderts wurde sie zum dreischiffigen Gotteshaus vergrößert und erhielt die beeindruckende, alles überragende Doppelturmfassade. Die achteckigen Turmspitzen mit Uhrwerk im Südturm und einer bis 1945 bewohnten Türmerwohnung im Nordturm kamen Mitte des 16. Jahrhunderts hinzu. Fast die gesamte ursprüngliche Inneneinrichtung fiel 1522 dem Bildersturm, der demonstrativen Zerstörung sakraler Kunstwerke, zum Opfer. Erst durch die berühmten Invokavitpredigten Luthers, in denen er kraft seiner Argumentation die Reformen zwar verteidigte, aber deren radikale Durchsetzung scharf kritisierte, beruhigte sich die Lage. Das älteste noch heute erhaltene Ausstattungsstück ist das von Hermann Vischer geschaffene bronzene Taufbecken von 1457.

Das Hauptwerk der Stadtkirche ist der beidseitig bemalte Reformationsaltar der beiden Cranachs aus den 1540er Jahren. Er symbolisiert die Grundzüge der neuen lutherischen Lehre: Melanchthon bei der Taufe, Luther als Junker Jörg beim Abendmahl sowie Bugenhagen bei der Beichte. Im Fußbild des Altars predigt Luther vor der Gemeinde, die eine Hand auf der Bibel ruhend, die andere zum gekreuzigten Jesus zeigend. In diesen biblischen Szenen tauchen neben den Reformatoren außerdem Cranach, Katharina von Bora und andere bekannte Persönlichkeiten auf. Der Altar wurde 1547 eingeweiht. Kurz danach siegte Kaiser Karl V. im Schmalkaldischen Krieg über die Protestanten in der Schlacht von Mühlberg und nahm Wittenberg ein. Ein spanischer Soldat in kaiserlichen Diensten soll im

unteren Altarbild Luther im Hals- und Brustbereich Einstiche zugefügt haben, um damit dem Reformator symbolisch den endgültigen Todesstoß zu setzen.

Sehenswert ist auch die Fülle von Grabmalen und Epitaphen in der Marienkirche. Stellvertretend sei hier auf das Epitaph für den Theologen Paul Eber (1511–1569) rechts hinter dem Altar verwiesen. 1569 von Cranach d.J. geschaffen, werden im »Weinberg des Herrn« die wichtigsten Reformatoren dargestellt. Ihr reformatorisches Handeln wird durch gärtnerische Arbeit versinnbildlicht. So jätet Luther das »römische Unkraut«, Bugenhagen schafft Ordnung mit der Hacke, und Melanchthon schöpft am Brunnen frisches Wasser. Ihnen gegenüber sind Vertreter der Papstkirche abgebildet.

[15] Historisches Rathaus

Ausstellung *»Christliche Kunst im 20. Jahrhundert«*
Di–So 10–17 Uhr

Aus dem Haupteingang von St. Marien tretend, gelangt man linker Hand durch eine kleine Gasse, die bereits aus dem 16. Jahrhundert stammt, auf den großräumigen Markt. Dominiert wird der Platz vom 1523 bis 1535 erbauten Rathaus.

An dem imposanten dreigeschossigen Gebäude befinden sich an den Querseiten je ein und an den Längsseiten je vier eindrucksvolle Renaissance-Zwerchgiebel. Sehenswert sind auch die spätgotischen Vorhangbogenfenster sowie das markante Gerichtsportal von 1573 mit barockem Prunk. Vor dem Eingang sind im Pflaster des Marktplatzes vier hellere Steine eingelassen, die den ehemaligen Aufstellungsort des Schafotts markieren. Bis Mitte des 18. Jahrhunderts fanden an dieser Stelle öffentliche Hinrichtungen statt. Die wohl Aufsehen erregendste datiert von 1728, als die Ehefrau von Johann Georg Zimmermann gerichtet wurde. Ihre abgeschlagene Hand ist im Stadtmuseum zu besichtigen.

Johann Georg Zimmermann
1680–1734, Jurist und Postkommissar. Der in Wittenberg geborene Zimmermann stieg vom Postmeister seiner Heimatstadt zum Postkommissar in Sachsen auf. Berühmt wurde er durch seine tragische Familiengeschichte. Als in seiner dritten Ehe binnen kürzester Zeit alle Kinder und weitere Personen aus seinem Umfeld 1727 auf mysteriöse Weise aus dem Leben schieden, bestätigte sich bald der Verdacht, dass seine Ehefrau die Giftmörderin war. Susanne Zimmermann wurde auf dem Marktplatz hingerichtet.

Das Rathaus nahm im Laufe der Zeit nicht nur städtische Verwaltungsaufgaben wahr, sondern diente zugleich als Kaufhaus und Veranstaltungsort für Tanz und Theater. Auch die Schauspielgruppe um Friederike Caroline Neuber, bekannt als die Neuberin, trat hier auf. Bis 2000 war das alte Rathaus Sitz der Stadtverwaltung. Im Erdgeschoss befindet sich heute eine außergewöhnliche Grafikausstellung bedeutender Künstler wie Max Beckmann, Marc Chagall, Käthe Kollwitz und Pablo Picasso zu christlichen Themen.

[16] Marktplatz

Auf dem Marktplatz thronen mit den Denkmälern von Luther und Melanchthon zwei der berühmtesten Männer der Stadt. Mit der feierlichen Enthüllung des Luther-Monuments am Reformationstag des Jahres 1821 wurde zum ersten Mal in Deutschland öffentlich ein »Zivilist«, d. h. kein Angehöriger des Militärs oder des Adels, mit einer Statue geehrt.

Seit Anfang des 19. Jahrhunderts rangen Wittenberg, Eisleben (Luthers Geburtsort) und Mansfeld (der Wohnort Luthers während seiner Kindheit) um den Standort. Hinzu kamen jeweils innerstädtische Streitigkeiten. Schließlich plädierte der preußische König für ein fast zehn Meter hohes Denkmal in Wittenberg. Die Statue entwarf der Bildhauer Johann Gottfried Schadow, Granitsockel und Baldachin stammen vom Architekten Karl Friedrich Schinkel. Der Reformator im Predigermantel hält die Hand auf der aufgeschlagenen Bibel. Deren linke Buchseite trägt die Inschrift »Biblia das ist die ganze heilige Schrift«, rechts steht: »Das neue Testament verdeutscht von Doctor Martin Luther«.

Luther-Denkmal

Während die Lutherstatue durch königliche Order zu einem Ehrenmal von nationalem Rang wurde, beruhte die Errichtung des links daneben stehenden Melanchthon-Denkmals auf bürgerschaftlichem Engagement. Die Künstler Friedrich Drake und Heinrich Strack orientierten sich am älteren Luther-Denkmal und schufen Melanchthon mit dem Augsburger Konfessionsbekenntnis in der rechten Hand, die andere auf der Brust ruhend. Bereits vor der Wittenberger Enthüllung des Melanchthon-Denkmals am Reformationstag 1865 wurde ein Abguss in seinem Geburtsort Bretten aufgestellt.

Links neben dem Rathaus befindet sich der reich verzierte Marktbrunnen. Aus Sandstein 1617 zur Versorgung mit Röhrwasser geschaffen, ist er seit 1986 wieder an das ursprüngliche Röhrsystem angeschlossen.

Zahlreiche gut erhaltene Bürgerhäuser mit prächtigen Giebeln prägen das Gesicht des schönen Platzes. Diesen überquert man Richtung Elbseite und befindet sich am imposanten Wohnhaus Markt 9 mit Erker und auffällig verziertem Balkon an der Ecke Collegienstraße.

Seit 1994 strömen jährlich einhunderttausend Schaulustige aus Nah und Fern im Juni nach Wittenberg, um an den Originalschauplätzen der Reformation die Hochzeit des großen Reformators mit der aus dem Kloster entflohenen Nonne Katharina von Bora von 1525 zu feiern. Höhepunkt des Festes »Luthers Hochzeit« ist ein historischer Festumzug durch die Altstadt. Umrahmt wird die dreitägige Veranstaltung von unzähligen Gauklern und Musikanten, alter Handwerkskunst und kulinarischen Genüssen.

Melanchthon-Denkmal

24 Schlosskirche
25 Schloss
28 Katholische Kirche
27 Arsenalplatz
29 Sternwarte
21 Haus der Geschichte
15 Historisches Rathaus
20 Cranachhöfe
31 Bugenhagenhaus
16 Marktplatz
14 Stadtkirche St. Marien

12 Fronleichnamskapelle
18 Beyerhof
11 Holzmarkt
10 Hamlet-Haus
9 Collegienstraße
1 Hauptpost
8 Leucorea
7 Melanchthonhaus
2 Augusteum
4 Lutherhaus

Gerhart Hauptmann 1862–1946, Schriftsteller. Als einer der bedeutendsten deutschen Autoren der Jahrhundertwende bekam Hauptmann 1912 den Nobelpreis für Literatur. Er hielt sich in Wittenberg 1903 und 1930 aus beruflichen Gründen auf. Sein Theaterstück »Hamlet in Wittenberg« sowie sein Roman »Im Wirbel der Berufung«, Hauptfigur auch hier wieder der an der Leucorea studierende Hamlet, sind Ergebnis seiner literarischen Auseinandersetzung mit der Lutherstadt und ihrer bewegten Geschichte.

[17] Goldener Adler

***Restaurant** »Goldener Adler« täglich ab 10 Uhr*
Tel. 03491 50 56 60

Der Rundgang durch Wittenberg führt gegenüber am Anwesen Markt 7 fort. Dort befinden sich Hotel und Restaurant »Goldener Adler«, die auf eine lange Tradition zurückblicken. Ursprünglich wurde an dieser Stelle bereits im 15. Jahrhundert ein städtischer Weinschank betrieben. Als dieser 1524 in das neu erbaute Rathaus gegenüber verlegt wurde, eröffnete hier der Gasthof »Zum Adler«. Angeblich sollen auch die trinkfreudigen Luther und Melanchthon als Stammkunden ein- und ausgegangen sein. Seit den 1720er Jahren als »Goldener Adler« geführt, wurde das Wirtshaus 1775 neu ausgebaut und mit dem Relief eines gekrönten Doppeladlers versehen. Drei Jahre später machte Goethe während seiner Reise von Berlin nach Weimar in Wittenberg Halt und ließ sich nach einem Stadtrundgang im »Goldenen Adler« bewirten. Ebenso weilte der Schriftsteller Gerhart Hauptmann im Haus am Markt. Neben dem gutbürgerlichen Restaurant besteht das Hotel bis heute. Außerdem beherbergt es im Erdgeschoss ein Antiquitätengeschäft.

[18] Beyerhof

***Gasthaus** »Brauhaus Wittenberg« täglich 11–23 Uhr Tel. 03491 43 31 30, Brauereibesichtigung und Bierseminare auf Anfrage*

Gleich im Nachbarhaus befindet sich der nächste Halt des Stadtrundgangs. Am Markt 6 entstand 1512 das Wohnhaus des Bürgermeisters und kurfürstlichen Kanzlers Christian Beyer, der dem Hof seinen Namen gab.

In der überaus stattlichen Hofanlage, die man durch ein breites Rundbogenportal betritt, sind der Wendelstein sowie die Sandsteinarkaden im Erdgeschoss mit den darüber befindlichen hölzernen Laubengängen besonders erwähnenswert. In der ersten Nische ist Kurfürst Johann Friedrich der Großmütige auf einem Sandsteinrelief als Ritter dargestellt.

Nach der Sanierung befindet sich seit 1999 auf dem Anwesen eine traditionelle Handwerksbrauerei, die in der warmen Jahreszeit in spätmittelalterlichem Ambiente zum Verweilen im gemütlichen Innenhof einlädt.

Christian Beyer
um 1482–1535, Jurist und kurfürstlicher Kanzler. Beyer kam als einer der ersten Studenten an die juristische Fakultät der neuen Universität. 1513 ernannte ihn Friedrich der Weise zum kurfürstlich sächsischen Rat. In dieser Funktion beurteilte er die Bannandrohungsbulle gegen Luther als »ungefährlich und dilatorisch«. Bleibenden Eindruck hinterließ er auf dem Reichstag zu Augsburg 1530, als er vor Kaiser Karl V. die »Confessio Augustana« Melanchthons vortrug. Während des stürmischen Beginns der Reformation war Beyer mehrfach Bürgermeister von Wittenberg.

[19] Cranachhaus Markt 4

***Ausstellung** »Lucas Cranach der Ältere – Seiten eines Künstlerlebens« Mo–Sa 10–17 Uhr, So ab 13 Uhr Nov. – März: Mo geschlossen*

Der Hofmaler Lucas Cranach der Ältere zog 1512 mit seiner Familie aus der Malstube im Schloss, die er seit 1505 bewohnte, in das Haus am Markt 4. Hier erblickte 1515 auch sein Sohn Lucas Cranach d. J. das Licht der Welt. Da das Grundstück für Cranachs florierende Künstlerwerkstatt bald zu klein wurde, stieß der »Maler der Reformation« dieses 1518 ab und erwarb mit der Schlossstraße 1 den zur damaligen Zeit größten Hof Wittenbergs. 1522 kaufte er sein ehemaliges Anwesen wieder zurück und war nun in Besitz zweier repräsentativer Grundstücke am Markt. Cranachs Schwiegersohn Pfreundt richtete die bereits in der Schlossstraße gegründete Adler-Apotheke im Cranachhaus Markt 4 ein. Er ließ auch die ersten Gebäude der geschlossenen Hofanlage bauen. 1771 wurde das Vordergebäude im dekorativen Rokokostil neu gestaltet und aufgestockt.

Seit Beginn der 1990er Jahre setzten sich der Verein Cranach-Höfe und die Cranach-Stiftung, hervorgegangen aus einer Bürgerinitiative, für den Erhalt des fast völlig verfallenen Komplexes ein. Heute beherbergt er neben Dauer- und Sonderausstellungen viele Vereine und einen Kunsthof mit Galerie.

***Lucas Cranach d. Ä.** 1472–1553, Maler. Als ungemein produktiver »Maler der Reformation« hinterließ Cranach der Nachwelt eine Vorstellung vom Aussehen zeitgenössischer Persönlichkeiten. Zur Reformation trug der Freund Luthers bei, indem er die neue Lehre durch seine Illustrationen veranschaulichte. Neben seiner künstlerischen Tätigkeit gelangte Cranach durch Apotheke, Druckerei (1522 deutsche Erstausgabe des Neuen Testaments), Verlag sowie als Grundeigentümer und Privatbankier zu großem Reichtum. Er war Mitglied des Wittenberger Rates und Bürgermeister. 1508 wurde ihm ein Familienwappen verliehen – eine geflügelte Schlange mit Krone und Ring –, das sich auf all seinen Gemälden findet.*

Tor am Cranachhaus Schlossstraße 1

[20] Cranachhaus Schlossstraße 1

Historische Druckerstube
Mo–Fr 9–12 Uhr/13–17 Uhr, Sa 10–13.30 Uhr
***Gasthaus** »Hofwirtschaft« täglich ab 14 Uhr*
Tel. 03491 45 96 82

Das Haus in der an dieser Stelle beginnenden Schlossstraße erweiterte Cranach d. Ä. ab 1540. Zum bewohnten Vorderhaus kamen Seitenflügel und Hintergebäude hinzu, in dem die berühmte Malerwerkstatt untergebracht war. Sie führte Lucas Cranach der Jüngere nach dem Weggang seines Vaters nach Augsburg erfolgreich weiter. Die hier von Pollich begründete »Adler-Apotheke« übernahm Cranach d. Ä. nach Erhalt seines wertvollen Apothekerprivilegs mit Weinausschankrecht ab 1520. Sie zog aus ihrem über zweihundertjährigem Interim am Markt 4 Ende des 18. Jahrhunderts wieder in die Schlossstraße. Davon kündet das an der Ecke Schlossstraße/Elbstraße angebrachte Adlerrelief mit dem Spruchband »Churf. Sächs. Privil. Apotheke zum Adler«. Seit 1960 firmiert die Apotheke unter dem Namen »Lucas Cranach«.

Adlerrelief am Cranachhaus Schlossstraße 1

Lucas Cranach d.J. 1515–1586, Maler. Als Sohn Lucas Cranachs des Älteren wurde er in Wittenberg geboren und erhielt seine Ausbildung in der väterlichen Malerwerkstatt. Der jüngere Cranach ist für seinen figurreichen und farbenfrohen, aufwendigen Malstil bekannt. 1556 zählte er zu den Mitbegründern des »Alten Jungfernröhrwassers«. Gleich seinem Vater engagierte er sich bis zu seinem Tod im öffentlichen Leben Wittenbergs und war u.a. Ratsmitglied, Kämmerer und Bürgermeister. 1559 berief ihn Kurfürst August zu seinem Hofmaler.

Nach einem Großbrand 1871 wurde die barocke Tordurchfahrt versetzt sowie eine gusseiserne Erinnerungstafel für Cranach angebracht. Im weiträumigen Innenhof fließt Röhrwasser aus einem Brunnen, der in den 1970er Jahren erbaut wurde und die Namen der Protagonisten der Begründer des »Alten Jungfernröhrwassers« trägt.

Nach seiner aufwendigen langjährigen Restaurierung erstrahlt der Cranachhof heute wieder in neuem Glanz. Seit 2005 befindet sich hier ein lebensgroßes Denkmal für den einstigen Malerfürsten. Auf einer Hofmauer »sitzt« die erste bronzene Ganzdarstellung von Lucas Cranach d.Ä. Ihr Schöpfer Frijo Müller-Belecke schuf Cranach in Arbeitsposition, vor sich eine Tafel mit Luther als Junker Jörg sowie als Bräutigam. Im Cranachhof befinden sich neben der altehrwürdigen Apotheke u.a. eine Herberge, ein Cranach-Shop, Künstlerwerkstätten und Hofateliers, die Jugendkunstschule der Cranach-Stiftung sowie eine historische Druckerstube.

[21] Haus der Geschichte

Mo–Fr 10–18 Uhr, Sa, So und Feiertag 11–18 Uhr

Das ursprünglich als Wohn- und Gasthaus genutzte Anwesen in der Schlossstraße 6 wurde 1872/73 an Stelle eines Fachwerkgebäudes errichtet. Seit 1997 beherbergt es den PFLUG e.V., der in seinem Museum »Haus der Geschichte« einmalige Einblicke in den Alltag der Deutschen Demokratischen Republik gestattet. Eine DDR-Design-Ausstellung, originalgetreue Wohnräume sowie nachempfundene Einrichtungen wie Kindergarten, Konsum, Tanzbar und Gaststätte versetzen den Besucher in die 1940er bis 1980er Jahre der DDR. Durch seine Authentizität wird das Museum häufig als Schauplatz für Film- und Fernsehaufnahmen genutzt. Wechselnde Sonderausstellungen vervollständigen das anschauliche Museumsangebot.

Das »Haus der Geschichte« besitzt außerdem ein Foto- und Dokumentenarchiv, das durch ein Lebensgeschichtliches Archiv mit persönlichen Erfahrungsberichten von Menschen verschiedener sozialer Herkunft ergänzt wird. Diese subjektiven Zeitzeugen-Aussagen unterstreichen die Einmaligkeit des Hauses und lassen Geschichte lebendig werden.

Blick durch die Schlossstraße zur Schlosskirche

Vom Schloss zur Bürgerschule

[22] Schlossplatz

»Schloßcafé Schwarzkopf« täglich 10–18 Uhr
Tel. 03491 41 11 50

Der Stadtrundgang führt weiter die Schlossstraße entlang. Nach wenigen Schritten befindet man sich auf dem Schlossplatz. Die »Alte Canzley« gegenüber der Schlosskirche wurde Ende des 14. Jahrhunderts als Wohnhaus der Pröpste von Wittenberg erbaut. Da diese den Kurfürsten zugleich als Kanzler dienten, bürgerte sich für das Anwesen der Name »Canzley« ein. Im 16. Jahrhundert wohnte hier der Jurist und Reformator Justus Jonas, der das Haus 1528 auch kaufte.

In der Funktion als Gästehaus nächtigten in den alten Gemäuern 1707 der schwedische König und 1712 Zar Peter der Große. Auch napoleonische Offiziere nutzen das Gebäude als Aufenthalt. Im 19. Jahrhundert wurde in den Räumlichkeiten das traditionsreiche Wittenberger Hebammeninstitut eingerichtet, in dem auch Olga Gebauer ihre Ausbildung absolvierte. Nach dem Ende der DDR stand das Gebäude lange Zeit leer, bis es 1999 als Hotel und Restaurant hergerichtet wurde.

Olga Gebauer
1858–1922, Hebamme. Als ausgebildete Lehrerin nahm Olga Gebauer 1884/1885 am Hebammeninstitut zu Wittenberg ein Studium auf. Nach dem erfolgreich absolvierten Examen ging sie zurück nach Berlin und engagierte sich dort, freiberuflich sowie an der Charité arbeitend, für die gesellschaftliche Anerkennung des Berufes der Geburtshelfer. Sie gab die erste Hebammenzeitung heraus und initiierte die Gründung des Deutschen Hebammenverbandes.

[23] Thesentür

An der Außenwand der Schlosskirche befindet sich hinter einem kleinen Zaun jenes weltberühmte Portal, an dem Luther der Legende nach am 31. Oktober 1517 seine 95 Thesen gegen den Ablasshandel der katholischen Kirche anschlug. Er tat dies nur einen Tag vor Allerheiligen, dem bedeutenden Kirchenfesttag, aus dessen Anlass Friedrich der Weise seine große Reliquiensammlung öffentlich zur Schau stellte.

Die originale Holztür des ehemaligen Haupteingangs der Schlosskirche, das »Schwarze Brett der Universität«, verbrannte 1760 im Siebenjährigen Krieg. Zur Erinnerung an das Weltereignis setzte man 1858 eine zweiflügelige Bronzetür in das mittelalterliche Sandsteinportal. Durch Säulen in sechs Spalten gegliedert und von musizierenden Knaben bekrönt, enthält sie in gotischer Minuskelschrift den lateinischen Originaltext der 95 Thesen. In dem bemalten Bogenfeld über der Widmungsinschrift knien Luther und Melanchthon neben dem Gekreuzigten vor der Silhouette Wittenbergs, in ihren Händen die deutsche Bibel und das Augsburger Bekenntnis haltend.

[24] Schlosskirche St. Allerheiligen

Kirche *Karfreitag – 31. Okt.: Mo–Sa 10–18 Uhr*
So 11.30–18 Uhr, 1. Nov. – Gründonnerstag: täglich bis 16 Uhr
Turm *Karfreitag – 31. Okt.: Mo–Fr 12–16 Uhr*
Sa, So und Feiertag 10–17 Uhr

Die Schlosskirche St. Allerheiligen gehört als dritter Flügel zur Wittenberger Schlossanlage. Durch ihre repräsentative Lage am Schlossplatz und ihre mächtige Erscheinung stellt sie das eigentliche Schloss in den Schatten. Die Kirche wurde im Rahmen des Schlossneubaus unter Friedrich dem Weisen Ende des 15. Jahrhunderts anstelle einer kleineren Kapelle neu errichtet und 1503 zur Allerheiligenkirche geweiht. Bedeutende Künstler wie Lucas Cranach d. Ä., Tilman Riemenschneider und Albrecht Dürer beteiligten sich an der Innengestaltung.

Der kurfürstliche Reliquienschatz, einer der größten der damaligen Zeit, wurde bis 1523 öffentlich immer zu Allerheiligen aufgestellt. Laut Bestandsaufnahme des »Wittenberger Heiltumsbuches« umfasste

Kulinarisches rund um Luther
Getreu Luthers Trinkspruch »Ein Kännlein Bier gegen den Teufel, ihn damit zu verachten« gibt es bis heute das von Kleinbrauereien gebraute »Lutherbier«. Dem steht Luthers Gattin mit ihrem »Katharinenbier« in nichts nach. Im Rahmen der Feierlichkeiten des Reformationstages werden um den 31. Oktober zum Gedenken an Luthers Werk Hefegebäcke ähnlich dem Christstollen, wie Lutherbrot und Reformationsbrötchen, angeboten. Letztere sollen als Gebildbrot die Lutherrose symbolisieren.

Epitaph Martin Luthers

die Sammlung über 19 000 Einzelobjekte (darunter Stroh aus der Krippe von Betlehem, ein Stück von der Windel Jesus, ein Glied der Kerkerkette Petrus'), was einem Ablasswert von fast zwei Millionen Jahren entsprach. Bis 1525 der erste evangelische Gottesdienst in St. Allerheiligen gefeiert wurde, sollen zuvor jährlich an den rund 20 Altären der Schlosskirche bis zu 10 000 Messen zelebriert worden sein. Seit 1507 war die Schlosskirche zugleich Universitätskirche, in der Disputationen, Promotionen, akademische Festakte und Beerdigungen von Gelehrten begangen wurden.

Im Siebenjährigen Krieg 1756–1763 wurde der Schlosskomplex zerstört, die ehemals reich ausgestattete Kirche nur dürftig wieder aufgebaut. Ab 1885 begann der Umbau zu einer »Gedächtnishalle der Reformation«, die am Reformationstag 1892 feierlich geweiht wurde. Neben einer stärkeren architektonischen Abgrenzung zum eigentlichen Schlosskomplex erhielt das Kirchendach farbig glasierte Ziegel. Auffallend ist außerdem der auf 88 Meter erhöhte Kirchturm, dessen Kuppel der Kaiserkrone ähnelt. Die Bauchbinde, aus 720 000 Mosaiksteinen gefertigt, gibt den Anfang des symbolträchtigen Lutherliedes »Ein feste Burg ist unser Gott« wieder.

Betritt man das Gotteshaus, fällt auf den ersten Blick das gotisierende Gewölbe des Kircheninneren auf. Die Vorhalle enthält Grabdenkmäler der bis 1422 in Wittenberg residierenden Askanier, umgebettet aus der abgebrochenen Franziskanerkirche. Vom Eingang bis zum Altar laufend, passiert man die vor den Pfeilern stehenden Statuen von Luther, Melanchthon, Bugenhagen und anderen. 22 Bronzemedaillons in den Emporenbögen erinnern an weitere Persönlichkeiten der christlichen Erneuerungsbewegung. Die Emporen zeigen 52 Wappen der die Reformation unterstützenden Fürstengeschlechter, die Seitenfenster reformatorisch gesinnte Städte. Unter der Kanzel befindet sich das schlichte Grab Martin Luthers, dessen Sandsteinsockel die mittelalterliche Bronzeplatte trägt. Das an der Wand befindliche Epitaph ist eine Kopie des 1548 entstandenen Originals. Gegenüber Luther fand sein Wegbegleiter Philipp Melanchthon die letzte Ruhestätte. Noch aus der Lutherzeit erhalten sind im Altarraum die knienden Figuren der Kurfürstenbrüder Friedrich III. und Johann der Beständige sowie deren Gräber und Bronzeepitaphe. Sehenswert sind außerdem Schinkels Taufbecken von 1832 sowie die Ladegast-Orgel.

[25] Schloss

***Städtische Sammlungen:** Di–So 9–17 Uhr*

Geht man unmittelbar vor der Schlosskirche durch den schmalen Durchgang linker Hand der Thesentür weiter, gelangt man auf den eigentlichen Schlosshof. Bereits im 12. Jahrhundert wird urkundlich eine Burganlage auf dem »weißen Berg« erwähnt, die unter den Askaniern zum Schloss ausgebaut wurde. An seiner Stelle ließ Friedrich der Weise zwischen 1490 und 1525 ein neues prächtiges Wohnschloss nach Plänen von Konrad Pflüger errichten. Doch bereits nach dem Tod des Kurfürsten geriet die Anlage zusehends in Vergessenheit. Sein Bruder Johann der Beständige bevorzugte als Residenz Torgau. Durch die Stadtrandlage wurde das Schloss als Schutz während des Schmalkaldischen Krieges 1546/47 stärker befestigt. Sowohl im Siebenjährigen Krieg von 1756 bis 1763 als auch in den napoleonischen Befreiungskriegen im frühen 19. Jahrhundert fiel es Belagerung, Beschuss und Brand zum Opfer. Unter preußischer Herrschaft wurde das eigentliche Schloss schließlich zur Kaserne degradiert. Fast nichts kündet mehr von der alten Pracht. Die wertvolle, teils geschnitzte sowie vergoldete Inneneinrichtung ist verloren gegangen.

Heute beeindrucken am massiven und schlichten Schloss nur noch zwei spätgotische Treppenhäuser mit offenen Arkaden und Wendelsteinen (im südlichen Aufgang mit Wappenfries). Bis 2007 war in der Anlage eine Jugendherberge untergebracht, die sich nun in den historischen Amtshäusern des ehemaligen Vorschlosses befindet. Bis auf Weiteres sind hier das Stadtarchiv sowie die städtischen Sammlungen, die das Museum für Stadtgeschichte bzw. das Museum für Natur- und Völkerkunde »Julius Riemer« beinhalten, zu besichtigen. In naher Zukunft soll der Schlosskomplex saniert und um einen neuen Südflügel ergänzt werden, in dem eine reformationsgeschichtliche Forschungsbibliothek und das vormals im Augusteum untergebrachte Predigerseminar Platz finden sollen.

Julius Riemer
1880–1958, Fabrikant und Sammler. Julius Riemer beschäftigte sich seit frühester Kindheit mit dem Sammeln natur- und völkerkundlicher Exponate. Im Zweiten Weltkrieg wurden seine Berliner Wohnung sowie Teile seines reichen Fundus vernichtet. In Wittenberg konnte er 1947 seine Sammlung im Schloss unterbringen, im Jahr darauf wurden die ersten beiden Ausstellungsräume eröffnet – sein Jugendtraum von einem eigenen Museum ging in Erfüllung. Bis zu seinem Tod war er Direktor des »Riemer-Museums« zu Wittenberg.

Mayers
MARKENSCHUHE

[26] Historische Straßenzüge: Coswiger Straße und Juristenstraße

Vom Westende der Innenstadt geht es nun, parallel zur Schlossstraße, entlang der Coswiger Straße wieder zurück Richtung Markt. Neben dem freigelegten Bachlauf passiert man einige prächtige Gebäude. Die Inschrift am Haus Nr. 19 »Gottes Wort / Luteri Leer / vorget nu und / nimer mer« stammt von ca. 1580. Die Bausubstanz des dreigeschossigen Traufenhauses mit der Nr. 20 stammt vermutlich von etwa 1600. Erwähnenswert sind die Fachwerkgiebelhäuser mit den Nummern 26 und 27 (an der Ecke zur Marstallstraße) aus dem 17. Jahrhundert.

An dem Eckhaus Coswiger Straße/Juristenstraße, einem Bau von 1925/26, der sich durch historisierende Schweifgiebel in die ursprüngliche Marktbebauung einfügt, biegt man nach links in die Juristenstraße ein. Ursprünglich wegen des nahe gelegenen Franziskanerklosters erst »kegen dem Closter« und später »Große Brüderstraße« genannt, wurde sie zu Universitätszeiten nach dem hier ansassigem »Collegium Juridicum« bezeichnet. Ein berühmter Bewohner des Hauses Nr. 17 war der Mediziner Daniel Sennert. Die Juristenstraße führt direkt zum Arsenalplatz.

Daniel Sennert
1572–1637, Mediziner. Sennert kam zum Studium nach Wittenberg. Unter seiner Anleitung unternahm der Bader Jeremias Trautmann 1610 einen Lebendkaiserschnitt, der durch seine ausführliche Beschreibung in die Medizingeschichte einging. Außerdem machte sich der kurfürstliche Leibarzt um die Arzneimittellehre verdient, schrieb auflagenstarke Medizinlehrbücher und erkannte Scharlach als eigene Krankheit. Wie die Hälfte der Wittenberger Stadtbevölkerung fiel auch er der Pest von 1637 zum Opfer.

Eckhaus am Markt

[27] Arsenalplatz

Die Baugeschichte des weiträumigen Arsenalplatzes geht zurück bis ins 13. Jahrhundert, als hier das Wittenberger Franziskanerkloster gestiftet wurde. Die Klosterkirche diente als askanische Fürstengruft. Im Zuge der Reformation wurde das Kloster 1525 aufgelöst und als Armenspital, Kornspeicher und Waisenhaus genutzt. Nach schweren Beschädigungen im Siebenjährigen Krieg bauten die Preußen den Kornspeicher zum Artilleriewagenhaus um. Ab 1883 funktionierte man das Areal zur Kaserne um, die von 1945 bis 1991 von der sowjetischen Armee weiter genutzt wurde. 2009 fand man bei Grabungen unter dem Stadthaus die sterblichen Überreste des askanischen Kurfürsten Rudolf II. und seiner Familie. Bisher war man davon ausgegangen, dass seine Gebeine 1883 in die Schlosskirche umgebettet worden waren, wo sich seit 1540 auf Bestreben Melanchthons auch die Grabplatte befindet.

Im Rahmen der »Internationalen Bauausstellung Stadtumbau Sachsen-Anhalt 2010« werden die Städtischen Sammlungen aus dem Schloss im Artilleriewagenhaus ihre neue Heimstatt finden, während das Stadthaus für kulturelle und bürgerschaftliche Veranstaltungen genutzt werden soll. Besonders durch den eigens gegründeten außeruniversitären Verein »CAMPUS Wittenberg e.V.« will sich die Lutherstadt als Bildungsstandort international profilieren. Entlang der den Platz begrenzenden Klosterstraße gehend, früher »Kleine Brüderstraße« genannt, erblickt man schon das nächste Ziel.

[28] Katholische Kirche St. Marien

Führungen nach Absprache Tel. 03491 62 85 80

Die katholische Gemeinde zu Wittenberg spielte in den Jahrhunderten nach der Reformation nur eine untergeordnete Rolle. Einen Aufschwung brachten lediglich in Wittenberg stationierte katholische Soldaten zu Beginn des 19. Jahrhunderts sowie Flüchtlinge aus den katholischen Gebieten östlich der Oder und Neiße nach dem Zweiten Weltkrieg. Ende der 1940er Jahre konnte die Gemeinde zwischenzeitlich 20 000 Mitglieder verzeichnen.

Hans Lufft
1495–1584, Buchdrucker. In den 1520er Jahren kam der »Bibeldrucker Luthers« nach Wittenberg. Er veröffentlichte 1534 die erste vollständige Lutherbibel. Bald darauf begann er, eine Gesamtausgabe des lutherischen Werkes zu publizieren. Die stattlichen Bände waren von ausgezeichneter Qualität, versehen mit wertvollen Holzschnitten. Insgesamt verließen mehr als 100 000 Bibeln seine Werkstatt. Als angesehener Bürger übte er bis ins hohe Alter etliche städtische Funktionen aus und war Mitbegründer des Jungfernröhrwassers. Lufft starb mit 89 Jahren – als amtierender Bürgermeister.

Der zweischiffige Backsteinbau wurde mit der Grundsteinlegung 1868 im neugotischen Stil errichtet und 1872 geweiht. Im Jahr 2000 wurde die Kirche renoviert und um ein Seitenschiff erweitert. Sehenswert sind im schlichten Innenraum der spätgotische Schnitzaltar als ältester Altar Wittenbergs sowie eine Marienfigur mit Kind aus der Zeit um 1480.

[29] Sternwarte

Stadteinwärts folgt man einige Meter der Bürgermeisterstraße, schon seit 1506 als »vicus magistratus« bezeichnet. Bis zu der Vernichtung im Siebenjährigen Krieg stand hier das Wohnhaus des Buchdruckers Hans Lufft. Im Haus Nr. 16, direkt am Arsenalplatz, befand sich die alte Sternwarte. Der Naturwissenschaftler Johann Jakob Ebert erbaute das dreiflügelige Schlösschen mit freistehenden Seitenpavillons im 18. Jahrhundert. Im Turmaufbau auf dem Dach betrieb er seine astronomischen Forschungen. Nach dem Zweiten Weltkrieg blieb von dem ehemals reich verzierten Gebäude nicht viel übrig. Heute ist die Anlage bewohnt und beherbergt u. a. einen der letzten traditionellen Schumacher der Stadt. Auf dem Hof begegnet man wieder einem Röhrwasserbrunnen.

[30] Altes Gymnasium

Am Ende der Bürgermeisterstraße erreicht man wieder den Kirchplatz und trifft auf das heute leer stehende Alte Gymnasium, die ehemalige Lateinische Stadtschule. Mit der Universitätsgründung 1502 erreichte das Wittenberger Bildungswesen eine neue Qualität, die 1564 auch zur Gründung dieser Schule für Knaben führte. Das ursprünglich zweistöckige Gebäude besaß Klassenzimmer und Lehrerwohnungen. Um 1700 tauchte die Bezeichnung »Lyceum« auf. Im 19. Jahrhundert wurde die Schule mehrfach umgestaltet und aufgestockt, nachdem sie durch militärische Nutzung und als Lazarett im Siebenjährigen Krieg bzw. 1813/1814 stark verfallen war. 1828 wurde die Lehranstalt zum »Königlichen Gymnasium« erhoben. Unter der Leitung von Rektor Franz Ernst Heinrich Spitzner in der ersten Hälfte des 19. Jahrhunderts entließ das berühmte Gymnasium viele hervorragend ausgebildete Schüler, die später bedeutende Wissenschaftler wurden, so u.a. den Entdecker des Planeten Neptun, Johann Gottfried Galle, und den Zoologen Friedrich Brandt. Durch den Umzug der Schule 1888 in einen Neubau an der Ecke Neustraße/Lutherstraße, ab 1897 als »Melanchthon-Gymnasium« bezeichnet, zog am Kirchplatz zuerst eine Druckerei, später ein Textilbetrieb ein.

Johann Jakob Ebert
1737–1805, Naturwissenschaftler. Der vielseitig interessierte Ebert kam 1769 als Mathematikprofessor an die Wittenberger Universität, deren Rektor er später wurde. Er gab neben Lehrbüchern verschiedene Zeitschriften wie die »Wittenbergische gelehrte Zeitung«, das »Wittenbergische Magazin für Liebhaber der philosophischen und schönen Wissenschaften« und das »Wittenbergische Wochenblatt« heraus.

[31] Bugenhagenhaus

Johannes Bugenhagen *1485–1558, Pfarrer und Generalsuperintendent. Nach Lehrtätigkeit in seiner Heimat Pommern kam Bugenhagen 1521 als Universitätslehrer nach Wittenberg und wurde 1523 erster evangelischer Pfarrer der Stadtkirche. Als Generalsuperintendent des sächsischen Kurkreises prüfte er bei Visitationen die Eignung der Pfarrer. Durch die von ihm verfassten Kirchenordnungen, so auch für Wittenberg, hatte er entscheidenden Anteil am Aufbau evangelischer Landeskirchen und der Verbreitung der Reformation.*

Mo–Fr 10–16 Uhr Führungen nach Anmeldung
Tel. 03491 62 83 0

Linker Hand über den Kirchplatz laufend, findet man versteckt gegenüber dem Nordportal der Stadtkirche die Büste des Pfarrers Johannes Bugenhagen. 1894 wurde das Denkmal des (neben Luther und Melanchthon) »dritten Reformators« vom Bildhauer Gerhard Janensch geschaffen.

Mit dem benachbarten Bugenhagenhaus befindet sich in Wittenberg das älteste evangelische Pfarrhaus der Welt. Seit der Reformation diente es bis 1997 ununterbrochen als Wohn- und Wirkungsstätte der Wittenberger Superintendenten. Im frühen 16. Jahrhundert erbaut, war das Gebäude von 1523 bis 1558 Dienstwohnung des ersten evangelischen Pfarrers Johannes Bugenhagen. Durch Umbauten wurde das Anwesen 1605 bis zur Ecke Jüdenstraße verlängert, 1731 erhielt es mit dem barocken holländischen Dach sein heutiges Aussehen. Mitte des 18. Jahrhunderts erblickte im Bugenhagenhaus Carl Christian Horvath das Licht der Welt. Seit 2007 dient das renovierte Gebäude der evangelischen Stadtkirche als Gemeinde- und Begegnungszentrum, außerdem beherbergt es den »Weltladen« und ein gemütliches Café. Eine gusseiserne Tafel erinnert bereits seit 1858 an den Namensgeber des Hauses.

Bugenhagen-Denkmal

[32] Bürgerschule

Auf dem Weg zurück Richtung Ausgangspunkt Fleischerstraße befindet sich in der Jüdenstraße an der Ecke Töpferstraße die »Unterrichts Anstalt für die weibliche Jugend«. Die ehemalige Bürgerschule Wittenbergs war jedoch nicht nur für Mädchen geöffnet. Ebenso gab es reine Knabenklassen. Das dreistöckige Gebäude wurde 1828 eingeweiht. In ihm befanden sich acht große Lernräume sowie Amtswohnungen für das Lehrpersonal. Im Zuge der »Internationalen Bauausstellung Stadtumbau Sachsen-Anhalt 2010« wurde das seit Anfang der 1990er Jahre leer und kurz vor dem Verfall stehende Haus restauriert. Als »CAMPUS im CAMPUS« bietet das »Colleg Wittenberg« die alte Bürgerschule als Wohn- und Lernstätte für ausländische Studenten an.

Carl Christian Horvath *1752–1837, Verleger und Buchhändler. In Wittenberg geboren, ging Horvath hier zur Schule und erhielt seine Ausbildung. 1778 gründete er einen eigenen Verlag in Potsdam. Zur Erleichterung des Abrechnungsverkehrs der deutschen Buchhändler gründete er 1797 in Leipzig die »Buchhändler-Börse" und führte sie bis 1824. 1825 entstand aus diesem Privatunternehmen die älteste heute noch bestehende Branchenorganisation Deutschlands, der Börsenverein der deutschen Buchhändler, der ihn zum Ehrenvorsitzenden wählte.*

Empfehlungen

Hundertwasserschule

Straße der Völkerfreundschaft 130, Tel. 03491 88 11 31
touristisches Informationsbüro
Innen- und Außenführungen nach Absprache

Inmitten des Wittenberger Neubaugebietes entstand 1975 die Plattenbau-Schule vom Typ Erfurt II. Die notwendige Sanierung erfolgte nach Plänen des Architekten Friedensreich Hundertwasser, sodass 1999 eine der modernsten Schulen Europas eingeweiht werden konnte. Als Besonderheiten der Schule gelten neben der für Hundertwasser typischen farbenfrohen Gestaltung die Dachterrassen, die Sternwarte, der Toleranz symbolisierende Zwiebelturm sowie die Fruchtkapsel, ein der Natur gewidmeter Turm. Heute ist in der Hundertwasserschule das fusionierte Luther-Melanchthon-Gymnasium untergebracht.

Piesteritzer Werkssiedlung

Karl-Liebknecht-Platz 20, Tel. 03491 61 47 15
Führungen auf Anfrage

Nach Plänen des Architekten Otto Rudolf Salvisberg wurde 1919 die »Gartenstadt-Siedlung« für Arbeiter und Angestellte der Stickstoffwerke Piesteritz, seinerzeit eine der größten Chemiefabriken Deutschlands, fertig gestellt. Die geschlossene Reihenhaus-Siedlung im Wittenberger Stadtteil Piesteritz lockert sich zu ihrer Mitte hin auf und umschließt im Zentrum etliche Gemeinschaftseinrichtungen, Plätze und Grünanlagen. Als Korrespondenzprojekt der EXPO 2000 wurde sie liebevoll saniert und gilt heute als beliebter autofreier Wohnstandort.

Luthergarten

Lutherischer Weltbund – Zentrum Wittenberg
Töpferstraße 9, Tel. 03491 69 54 84

Folgt man vom Markt der Elbstraße stadtauswärts, so entsteht rechter Hand in den historischen Wallanlagen seit 2009 ein Denkmal der ganz besonderen Art. In Vorbereitung auf das 500jährige Jubiläum der Reformation im Jahre 2017 wird ein ovaler Garten angelegt, in dessen Mitte sich ein Platz in Form einer Lutherrose befindet. Von dort führen Wege symbolisch hinaus in die Welt. Den globalen und ökumenischen Charakter der Anlage unterstreichen verschiedenste Baumarten, die von Kirchen aller Kontinente gespendet werden.

Alter Bahnhof

Am Alten Bahnhof
Anlässlich der Einweihung der Eisenbahnstrecke Berlin – Anhalt im September 1841 entstand im Westen der Stadt das Bahnhofs-Empfangsgebäude als dreigeschossiger Fachwerkbau. Mit der Errichtung einer neuen Eisenbahnbrücke über die Elbe verlor dieser Bahnhof bereits 1859 seine Bedeutung. In den sechziger Jahren des 19. Jahrhunderts für Wohnzwecke umgebaut, war der Alte Bahnhof bis Anfang der 1990er Jahre bewohnt. Das älteste erhaltene Gebäude dieser Art in Deutschland steht unter Denkmalschutz.

Der »Rote Luther«

Brückenkopf 1, Tel. 03491 45 40
(Marina-Camp Elbe GmbH)
Wittenbergs jüngstes Wahrzeichen steht werbeträchtig an der Elbe. Direkt gegenüber der historischen Altstadt, auf der anderen Stromseite, thront knallrot und aus Kunstharz gegossen der Reformator als Kopie des »schwarzen Luthers« vom Marktplatz. Die 2003 anlässlich des 450. Todestages Cranachs d.Ä. von der Künstlerin Anina Brisolla geschaffene Plastik befindet sich an der Einfahrt zum Wittenberger Yachthafen, unweit des Brückenkopf-Hotels »Marina-Camp Elbe«. Der Besuch des »Roten Luthers« lässt sich wunderbar mit einem Spaziergang entlang der Flusspromenade verbinden.

Schmetterlingspark »alaris«

Rothemarkstraße 131, Tel. 03491 66 63 80
1. April – 1. Okt.: täglich 9.30–17.30 Uhr
2. Okt. – 31. Okt.: täglich 9.30–16.30 Uhr
Seit 1998 ist in Wittenberg einer der schönsten und größten Schmetterlingsparks in Deutschland zu bestaunen. Auf über 1000 Quadratmetern durchwandelt man eine faszinierende tropische Landschaft mit freifliegenden Schmetterlingen aus aller Welt.

Schloß Kropstädt

Tel. 034920 70 730
Aufstieg zum Schlossturm täglich ab 11 Uhr
Im Norden Wittenbergs lädt das Schloß Kropstädt mit seinem idyllisch gelegenen Landschaftspark zum Verweilen ein. Bereits seit dem 12. Jahrhundert befand sich an dieser Stelle die Wasserburg Liesnitz. Deren Bewohner trieben als berühmt-berüchtigte Raubritter ihr Unwesen, bis die Burg 1358 vernichtet wurde. Mitte des 19. Jahrhunderts wurde das romantische Wasserschloss im neogotischen Stil errichtet. Heute beherbergen die historischen Gemäuer ein Hotel und Restaurant.

Wittenberg an einem Tag. Ein Stadtrundgang
1. Auflage, 2011

Text: Michael Schulze
Karte: Peer-Cedric Hänsel
Fotos: Torsten Pape, außer: Steffen Mainka (S. 24/25)
Satz, Gestaltung: Gabine Heinze, TOUMAart, Leipzig
Herstellung: Bosch-Druck GmbH, Ergolding

Umschlag:
1 Marktkirche
2 Schlossturm
3 Eingang zum Luthermuseum
4 Lutherrose
5 Stadtansicht um 1600

www. lehmstedt.de

 Printed in Germany.
ISBN 978-3-937146-88-1